Impressum
Verlag: BABADADA GmbH, Nedderfeld 112 , 22529 Hamburg
Geschäftsführer / Verlagsleitung: Harald Hof
Druck: Books on Demand GmbH, In de Tarpen 42, 22848 Norderstedt

Imprint
Publisher: BABADADA GmbH, Nedderfeld 112 , 22529 Hamburg, Germany
Managing Director / Publishing direction: Harald Hof
Print: Books on Demand GmbH, In de Tarpen 42, 22848 Norderstedt, Germany

escola

学校

sacola
ランドセル

estojo de lápis
筆入れ

lápis
鉛筆

apontador de lápis
鉛筆削り

borracha
消しゴム

bloco de desenho
スケッチブック

desenho

スケッチ

pincel

絵筆

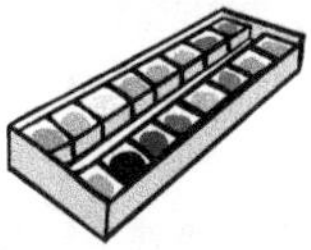

estojo de tintas

絵の具箱

tesoura

はさみ

cola

接着剤

livro de exercícios

練習帳

lição de casa

宿題

número

数

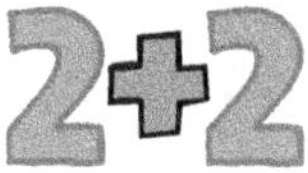

somar

足し算

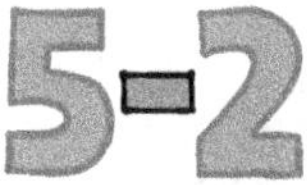

subtrair

引き算

multiplicar

かけ算

calcular

計算する

letra

文字

alfabeto

アルファベット

palavra

単語

texto

テキスト

ler

読む

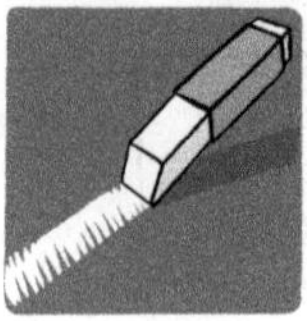

giz

チョーク

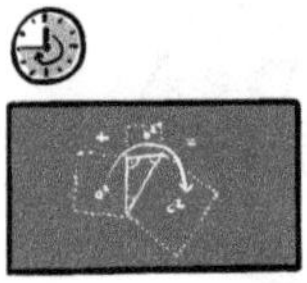

hora

授業

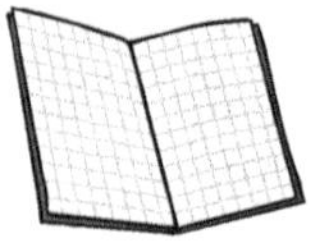

registro da classe

学級日誌

exame

試験

certificado

通知表

uniforme escolar

制服

educação

教育

enciclopédia

百科事典

universidade

大学

microscópio

顕微鏡

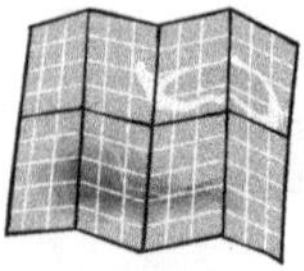

mapa

地図

cesto de lixo

ごみ箱

idioma

言語

sim / não

はい / いいえ

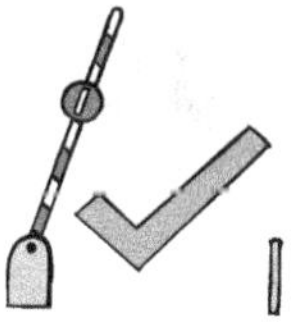

ok

問題ない

Olá

ハロー

tradutor

翻訳者

obrigado

ありがとう

quanto custa...?

…はいくらですか？

eu não entendo

わかりません

problema

問題

boa noite!

こんばんは！

Bom dia!

おはようございます！

Boa noite!

おやすみなさい！

até logo

さようなら

direção

方向

bagagem

手荷物

bolsa

バッグ

mochila

リュックサック

convidado

お客様

quarto

部屋

saco de dormir

寝袋

barraca

テント

informação turística

旅行者情報

praia

ビーチ

cartão de crédito

クレジットカード

café da manhã

朝食

almoço

昼食

jantar

夕食

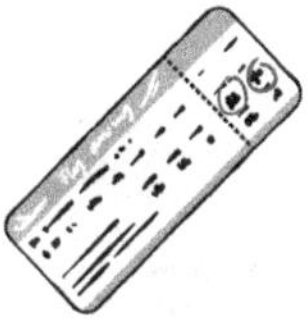

bilhete

チケット

elevador

エレベーター

selo

スタンプ

fronteira

境界

alfândega

税関

embaixada

大使館

visto

ビザ

passaporte

パスポート

transporte
輸送

balsa

フェリー

barco

ボート

motocicleta

バイク

veículo policial

パトカー

carro de corrida

レーシングカー

carro de aluguel

レンタカー

compartilhamento de automóvel

カーシェアリング

caminhão de reboque

レッカー車

caminhão de lixo

ごみ収集車

motor

モーター

combustível

燃料

posto de gasolina

ガソリンスタンド

placa de trânsito

交通標識

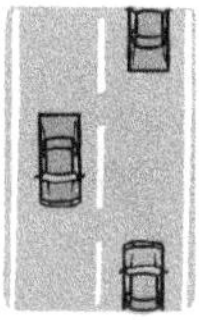

trânsito

交通

trânsito lento

渋滞

estacionamento

駐車場

estação de trem

駅

trilhos

道

trem

列車

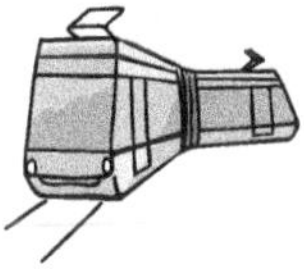

bonde

路面電車

vagão

車両

helicóptero

ヘリコプター

aeroporto

空港

torre

タワー

passageiro

乗客

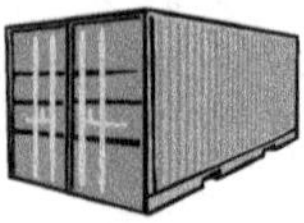

contêiner

コンテナ

cartolina

段ボール箱

carroça

カート

cesto

カゴ

decolar / pousar

離陸 / 着陸

cidade
都市

vilarejo

村

centro da cidade

都心

casa

家

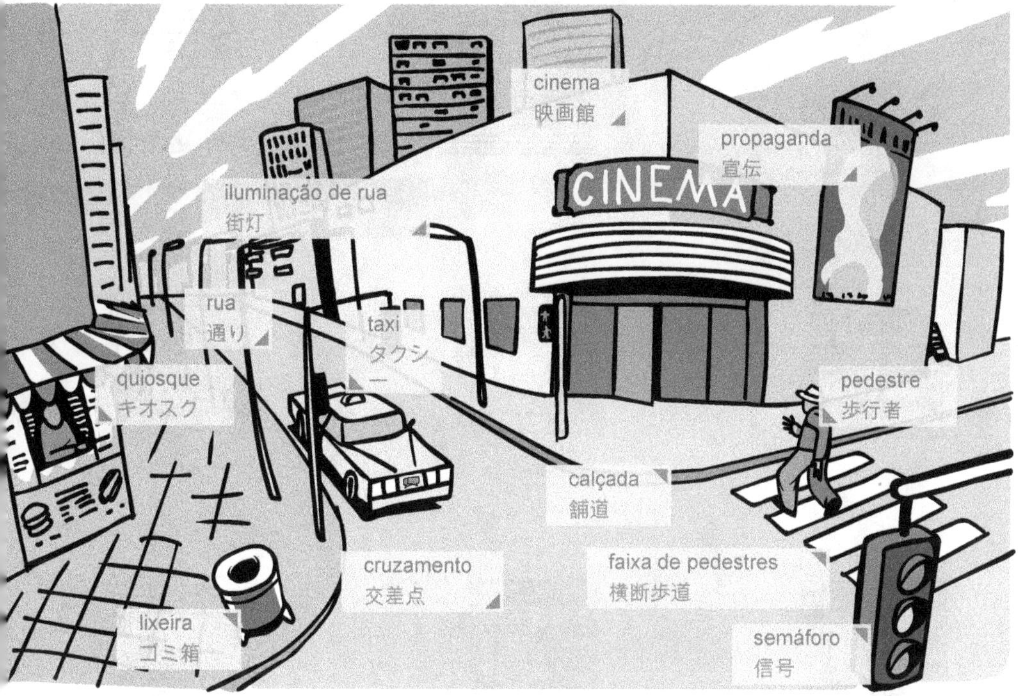

cabana

小屋

apartamento

アパート

estação de trem

駅

prefeitura

市役所

museu

美術館

escola

学校

universidade

大学

banco

銀行

hospital

病院

hotel

ホテル

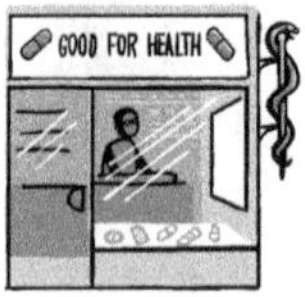

farmácia

薬局

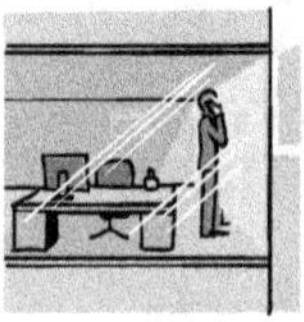

escritório

オフィス

livraria

書店

loja

ショップ

floricultura

花屋

supermercado

スーパーマーケット

mercado

市場

loja de departamentos

デパート

peixaria

魚屋

centro comercial

ショッピングセンター

porto

港

parque

公園

banco

ベンチ

ponte

橋

escadas

階段

metrô

地下鉄

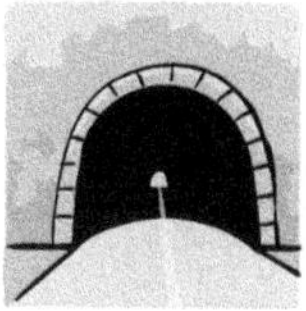

túnel

トンネル

ponto de ônibus

バス停

bar

バー

restaurante

レストラン

aixa de correspondência

ポスト

placa de rua

道路標識

parquímetro

パーキングメーター

zoológico

動物園

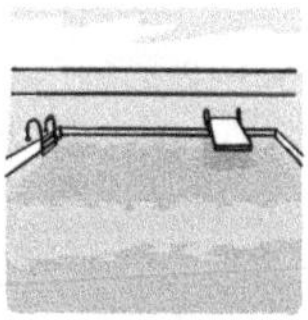

piscina

スイミングプール

mesquita

モスク

fazenda

農場

poluição

汚染

cemitério

墓地

igreja

教会

parquinho

遊び場

templo

寺

paisagem

風景

vale

谷

montanha

山

lago

湖

floresta

森

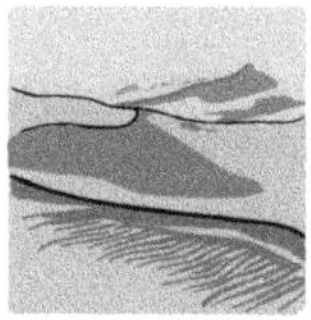

deserto

砂漠

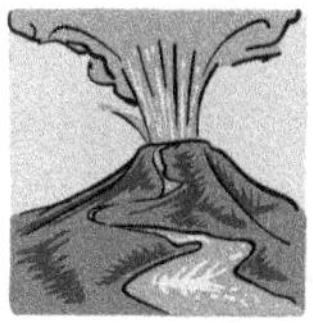

vulcão

火山

castelo

城

arco-íris

虹

cogumelo

キノコ

palmeira

ヤシの木

mosquito

蚊

mosca

ハエ

formiga

蟻

abelha

ミツバチ

aranha

クモ

besouro

カブトムシ

sapo

蛙

esquilo

リス

ouriço

ハリネズミ

lebre

ウサギ

coruja

フクロウ

pássaro

鳥

cisne

白鳥

javali

雄豚

veado

鹿

alce

ヘラジカ

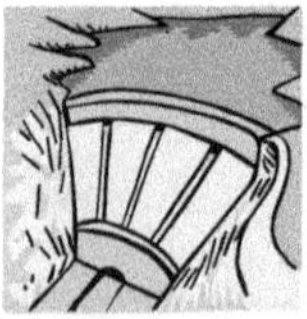

barragem

ダム

aerogerador

風力タービン

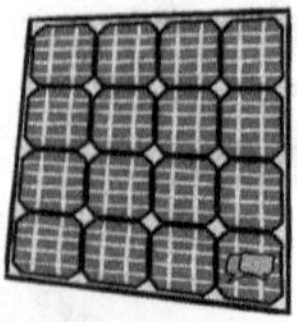

painel solar

ソーラーパネル

clima

気候

restaurante
レストラン

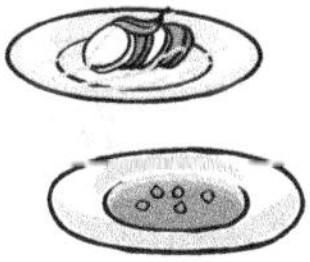

entrada

前菜

prato principal

メインコース

sobremesa

デザート

bebidas

飲み物

comida

食べ物

garrafa

ボトル

fastfood

ファストフード

comida de rua

屋台の食べ物

bule de chá

ティーポット

açucareiro

砂糖入れ

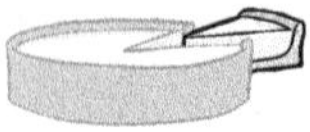

porção

一人前

máquina de expresso

エスプレッソマシン

cadeirão

幼児用食事椅子

conta

請求書

bandeja

トレー

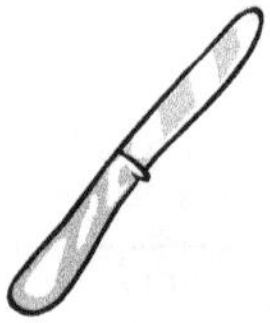

faca

ナイフ

garfo

フォーク

colher

スプーン

colher de chá

ティースプーン

guardanapo

ナプキン

copo

グラス

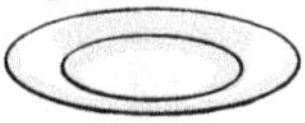

prato

皿

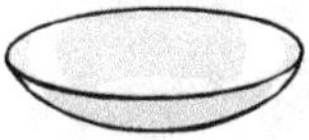

prato de sopa

スープ皿

pires

受け皿

molho

ソース

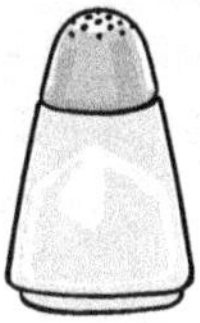

saleiro

塩入れ

moedor de pimenta

ペッパーミル

vinagre

酢

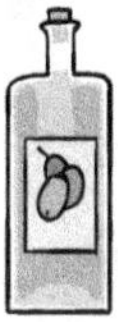

óleo

油

especiarias

スパイス

ketchup

ケチャップ

mostarda

マスタード

maionese

マヨネーズ

supermercado
スーパーマーケット

açougue

肉屋

padaria

パン屋

pesar

重さをはかる

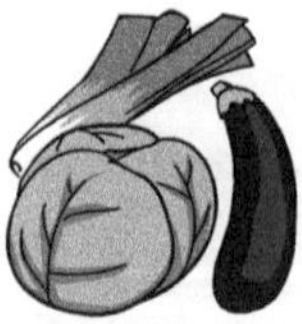

legumes

野菜

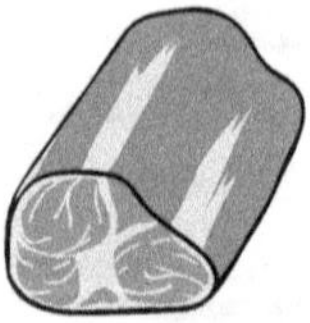

carne

肉

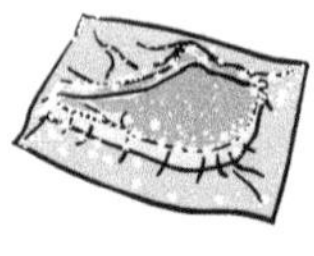

congelados

冷凍食品

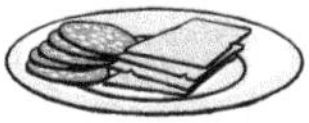

charcutaria

冷肉の薄切り

conservas

缶詰食品

detergente em pó

洗剤

doces

菓子

artigos domésticos

家庭用品

produtos de limpeza

清掃用品

vendedora

販売員

caixa

現金箱

caixa

レジ係

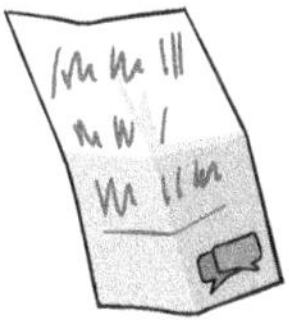

lista de compras

買い物リスト

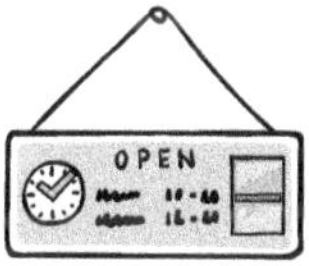

horário de funcionamento

開館時刻

carteira

財布

cartão de crédito

クレジットカード

sacola

バッグ

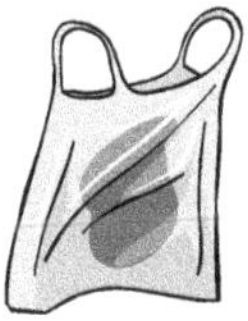

saco plástico

ポリ袋

bebidas
飲み物

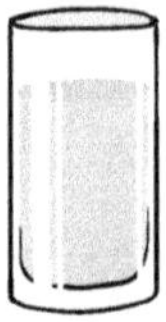

água

水

suco

ジュース

leite

牛乳

coca-cola

コーラ

vinho

ワイン

cerveja

ビール

álcool

アルコール

cacau

ココア

chá

紅茶

café

コーヒー

expresso

エスプレッソ

cappuccino

カプチーノ

comida
食べ物

banana
バナナ

maçã
リンゴ

laranja
オレンジ

melão
メロン

limão
レモン

cenoura
ニンジン

alho
ニンニク

bambu
竹

cebola
玉ねぎ

cogumelo
キノコ

nozes
ナッツ

macarrão
ヌードル

espaguete

スパゲッティ

arroz

米

salada

サラダ

batatas fritas

フライドポテト

batatas frias

フライドポテト

pizza

ピザ

hambúrger

ハンバーガー

sanduíche

サンドウィッチ

escalope

カツレツ

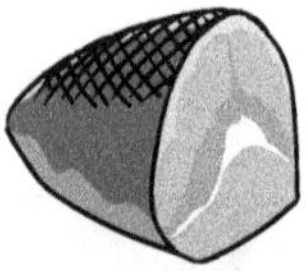

presunto

ハム

salame

サラミ

salsicha

ソーセージ

galinha

鶏肉

assado

焼き

peixe

魚

flocos de aveia

麦のお粥

granola

ムーズリ

flocos de milho

コーンフレーク

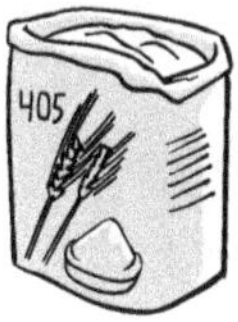

farinha

小麦粉

croissant

クロワッサン

pãozinho

ロールパン

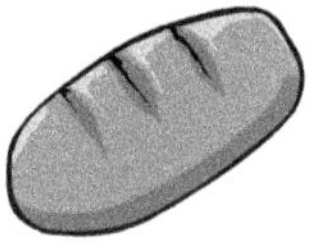

pão

パン

torrada

トースト

biscoitos

ビスケット

manteiga

バター

requeijão

カッテージチーズ

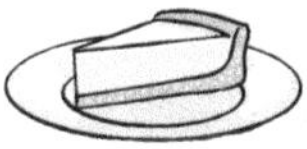

bolo

ケーキ

ovo

卵

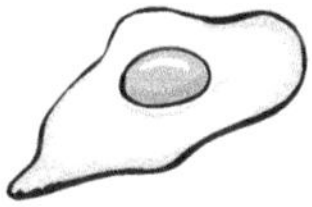

ovo frito

目玉焼き

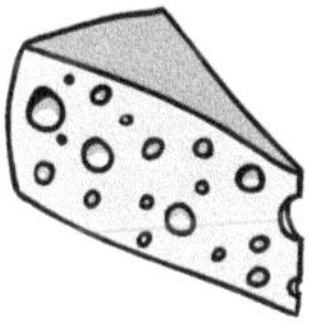

queijo

チーズ

sorvete

アイスクリーム

açúcar

砂糖

mel

はちみつ

geleia

ジャム

creme de avelãs

ヌガークリーム

curry

カレー

fazenda
農場

cabra

ヤギ

vaca

雌牛

bezerro

子牛

porco

豚

leitão

子豚

touro

雄牛

ganso

ガチョウ

pato

アヒル

pintinho

ひよこ

galinha

にわとり

galo

おんどり

ratazana

ネズミ

gato

猫

camundongo

ねずみ

boi

雄牛

cachorro

犬

casinha do cachorro

犬小屋

mangueira de jardim

散水ホース

regador

じょうろ

foice

大鎌

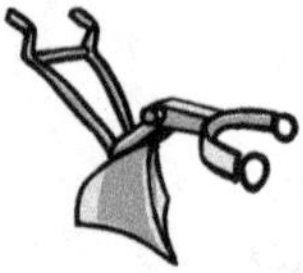

arado

すき

foice

草刈り鎌

enxada

くわ

forquilha

堆肥用フォーク

machado

斧

carrinho de mão

手押し車

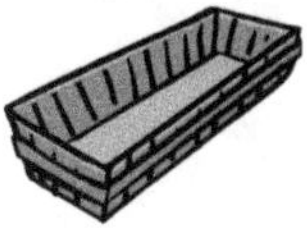

manjedoura

かいばおけ

jarra de leite

牛乳缶

saco

袋

cerca

フェンス

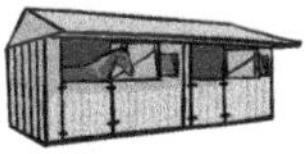

estábulo

畜舎

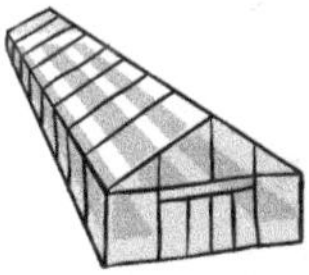

estufa

温室

solo

土壌

semente

種

fertilizante

肥料

colheitadeira

コンバイン

colher

収穫する

colheita

収穫

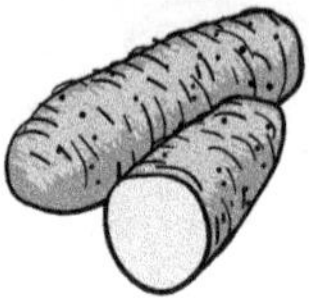

inhame

ヤマイモ

trigo

小麦

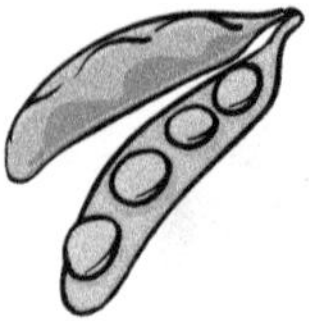

soja

大豆

batata

じゃがいも

milho

トウモロコシ

colza

菜種

árvore frutífera

果樹

mandioca

キャッサバ

cereais

穀物

casa
家

sala de estar
リビングルーム

banheiro
浴室

cozinha
台所

quarto de dormir
寝室

quarto de criança
子供部屋

sala de jantar
ダイニング・ルーム

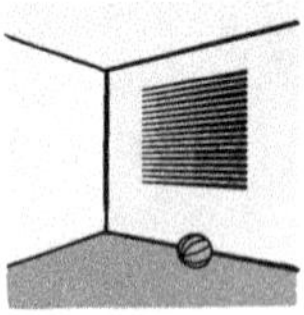

chão

床

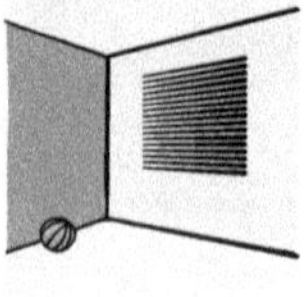

parede

壁

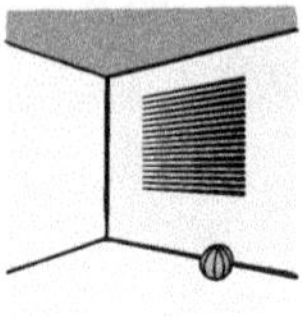

teto

天井

porão

地下貯蔵庫

sauna

サウナ

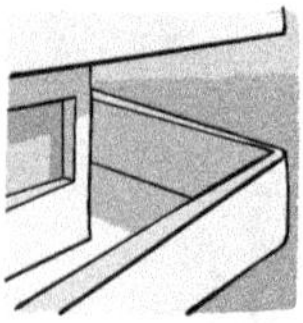

varanda

バルコニー

terraço

テラス

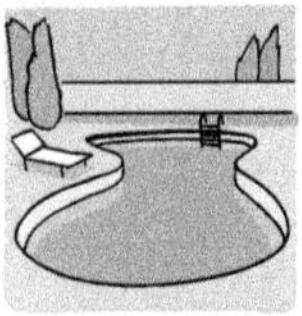

piscina

プール

cortador de grama

芝刈り機

lençol

シーツ

coberta

ベッドカバー

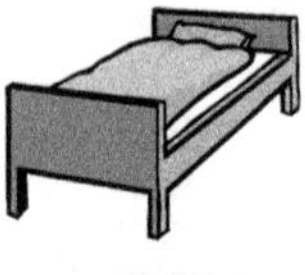

cama

ベッド

vassoura

ほうき

balde

バケツ

interruptor

スイッチ

sala de estar
リビングルーム

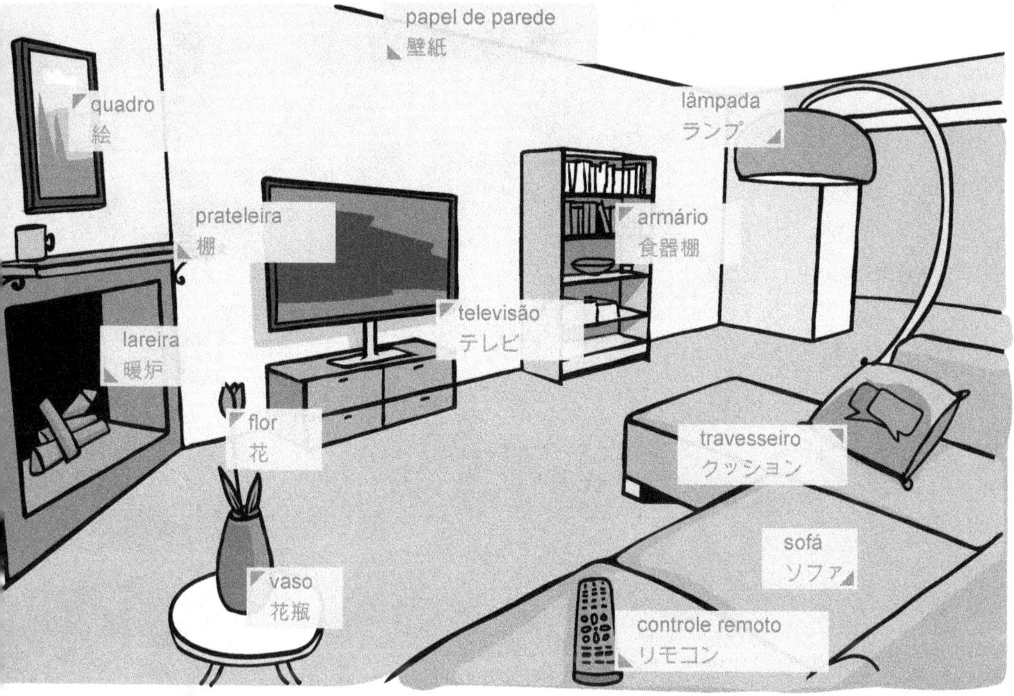

tapete
カーペット

cortina
カーテン

mesa
テーブル

cadeira
椅子

cadeira de balanço
ロッキングチェア

poltrona
ひじ掛け椅子

livro

本

cobertor

毛布

decoração

飾り

lenha

たきぎ

filme

映画

equipamento de som

ステレオ

chave

鍵

jornal

新聞

pintura

絵画

pôster

ポスター

rádio

ラジオ

bloco de notas

メモ帳

aspirador

掃除機

cacto

サボテン

vela

ろうそく

cozinha
台所

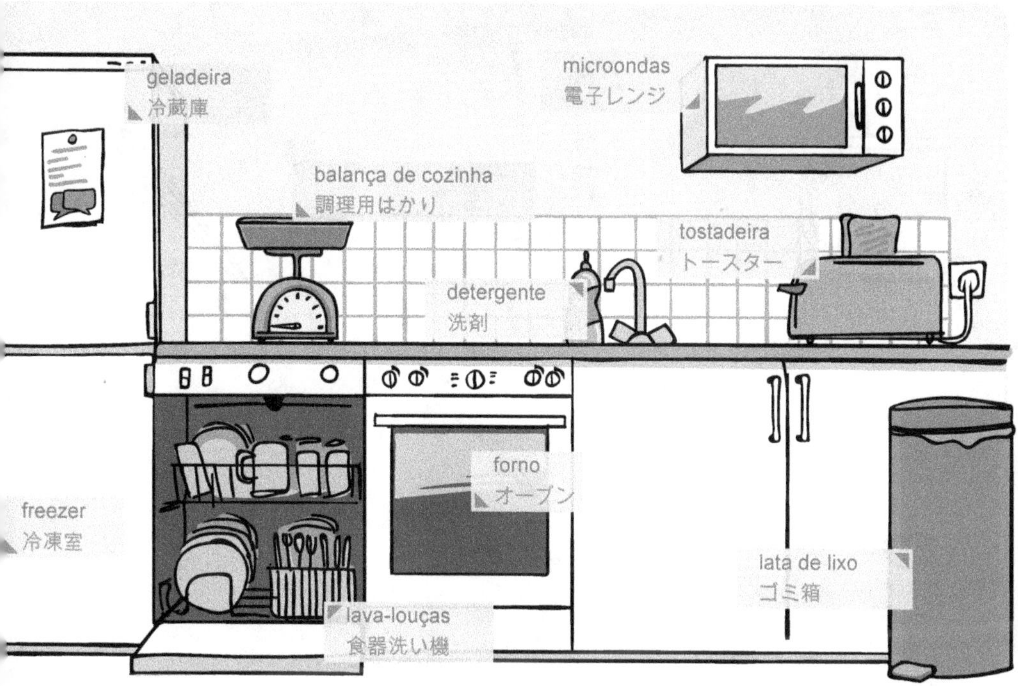

fogão
こんろ

panela
鍋

panela de ferro
鉄鍋

wok / kadai
中華鍋/ カダイ鍋

frigideira
フライパン

chaleira
やかん

panela a vapor

蒸し器

tabuleiro de forno

天板

louça

食器

caneca

マグカップ

caçarola

ボウル

hashi

箸

concha de sopa

おたま

espátula

へら

batedor

泡立て器

escorredor

こし器

peneira

ふるい

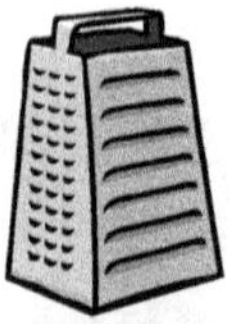

ralador

すりおろし器

almofariz

すり鉢

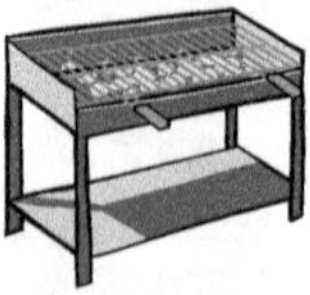

churrasqueira

バーベキュー

lareira

かまど

tábua de cortar

まな板

rolo da massa

麺棒

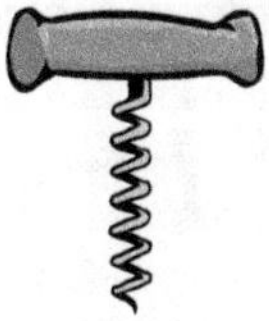

saca-rolhas

栓抜き

lata

缶

abridor de latas

缶切り

pegador de panela

鍋つかみ

pia

流し

escova

ブラシ

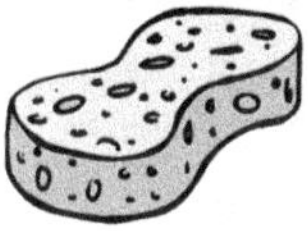

esponja

スポンジ

liquidificador

ミキサー

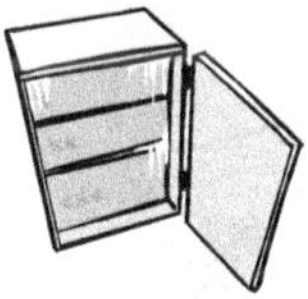

congelador

冷凍庫

mamadeira

哺乳瓶

torneira

蛇口

banheiro
浴室

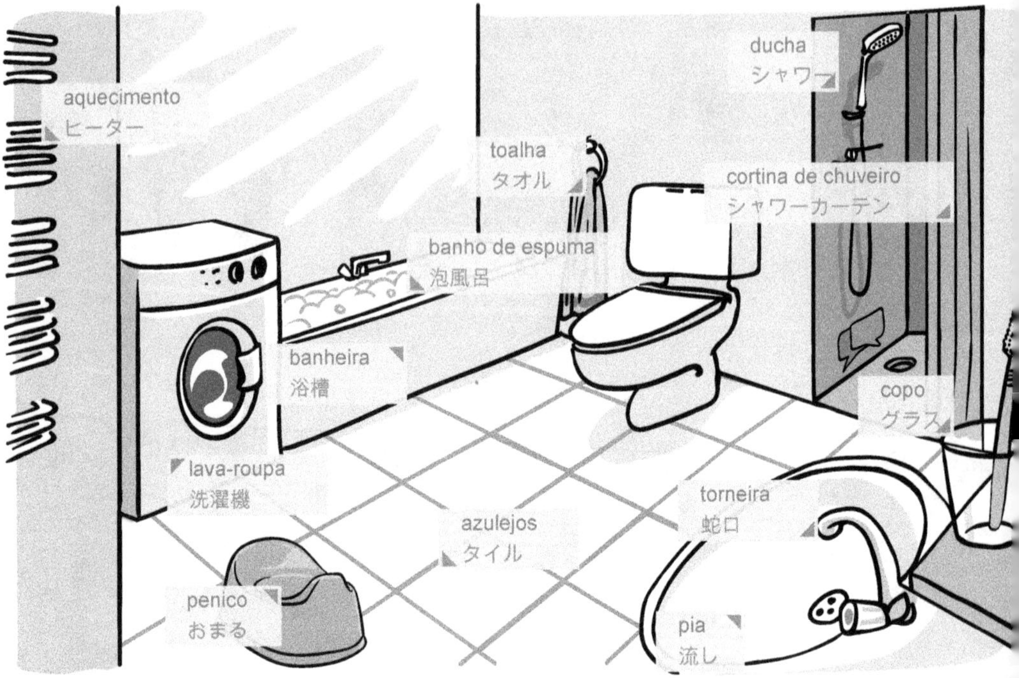

vaso sanitário
トイレ

lavabo de agachar
和式トイレ

bidê
ビデ

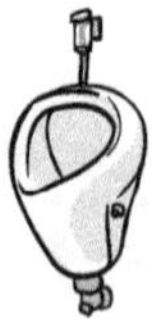
mictório
小便器

papel higiênico
トイレットペーパー

escova de privada
トイレブラシ

escova de dentes

歯ブラシ

pasta de dentes

歯みがき

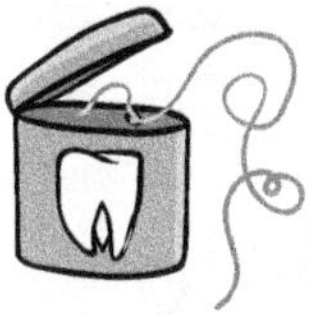

fio dental

デンタルフロス

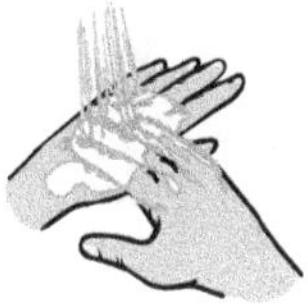

lavar

洗う

ducha de mão

シャワーヘッド

ducha íntima

ハンドビデ

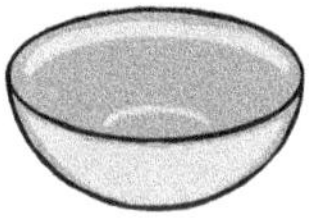

bacia

洗面台

escova para as costas

ボディブラシ

sabonete

石鹸

gel de banho

シャワー用ジェル

xampu

シャンプー

toalha de rosto

浴用タオル

escoamento

排水口

creme

クリーム

desodorante

消臭

espelho

鏡

espelho de mão

手鏡

barbeador

かみそり

espuma de barbear

シェービング・フォーム

loção pós-barba

アフターシェーブローション

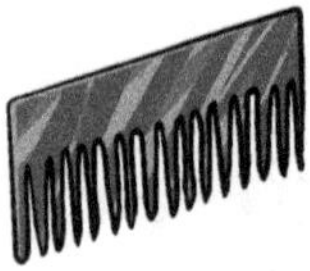

pente

櫛

escova

ブラシ

secador de cabelo

ドライヤー

spray de cabelo

ヘアスプレー

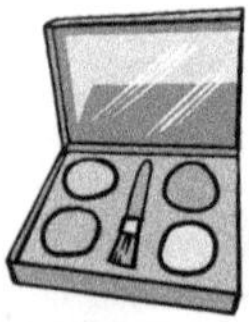

maquiagem

化粧

batom

口紅

esmalte de unhas

マニキュア

algodão

脱脂綿

tesoura para unhas

爪切り

perfume

香水

nécessaire

洗面用具入れ

banquinho

スツール

balança

体重計

roupão de banho

バスローブ

luvas de borracha

ゴム手袋

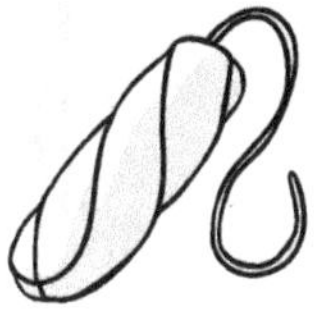

absorvente interno

タンポン

absorvente íntimo

生理用ナプキン

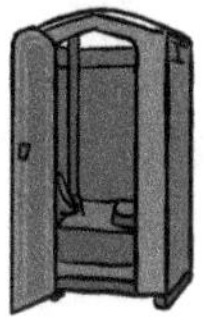

banheiro químico

ケミカルトイレ

quarto de criança
子供部屋

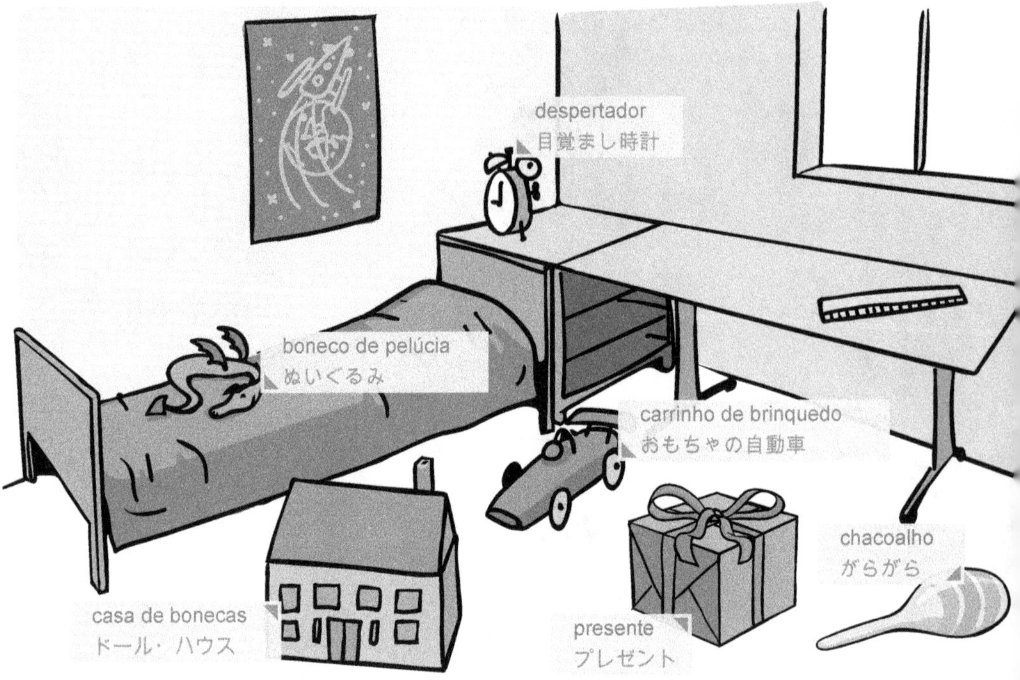

balão

風船

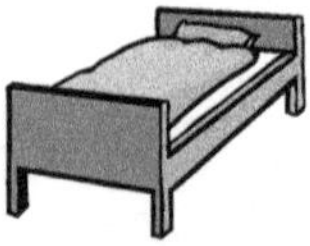

cama

ベッド

carrinho de bebê

ベビーカー

jogo de cartas

カードゲーム

quebra-cabeças

ジグソーパズル

revista de quadrinhos

漫画

peças de Lego

レゴ

blocos de construção

玩具ブロック

figura de ação

アクションフィギュア

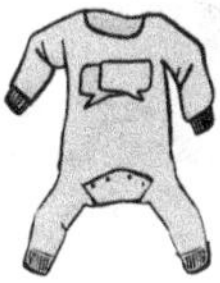

macaquinho de bebê

ロンパース

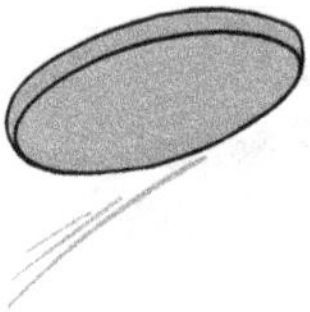

frisbee

フリスビー

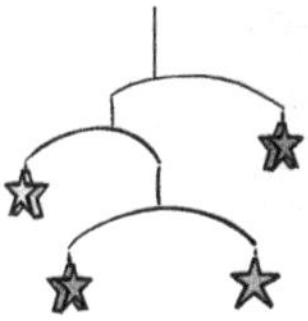

móbile para bebé

モバイル

jogo de tabuleiro

ボードゲーム

dados

さいころ

trenzinho elétrico

鉄道模型

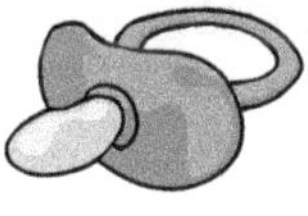

chupeta

おしゃぶり

festa

パーティー

livro ilustrado

絵本

bola

ボール

boneca

人形

brincar

遊ぶ

caixa de areia

砂場

balanço

ブランコ

brinquedos

おもちゃ

videogame

ゲーム機

triciclo

三輪車

ursinho de pelúcia

テディベア

guarda-roupa

衣装ダンス

vestuário
衣服

meias

靴下

meias pelo joelho

ストッキング

meias-calças

タイツ

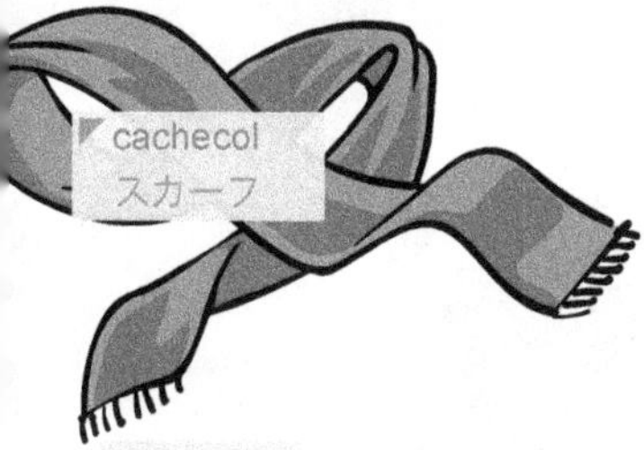

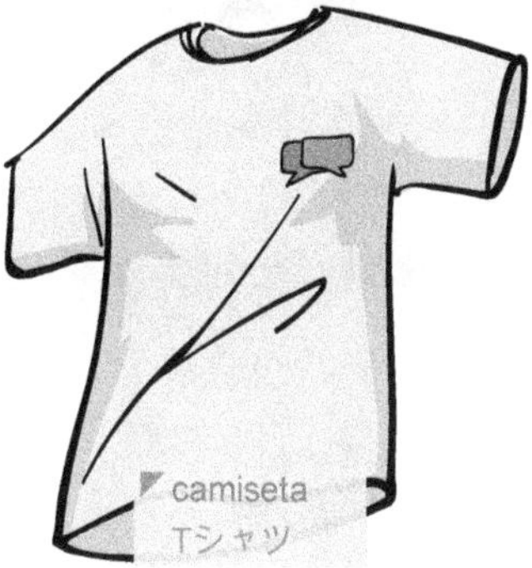

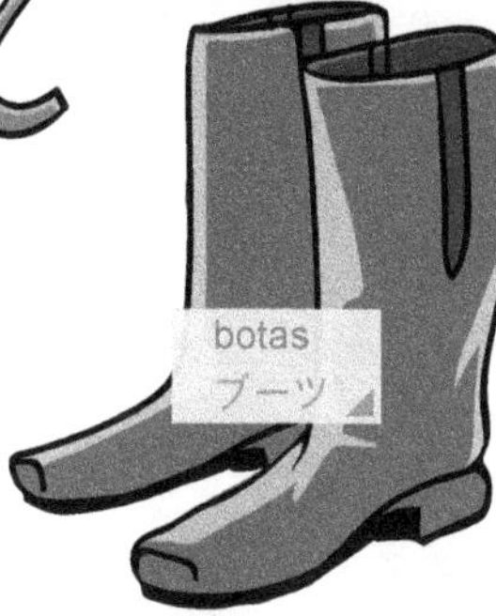

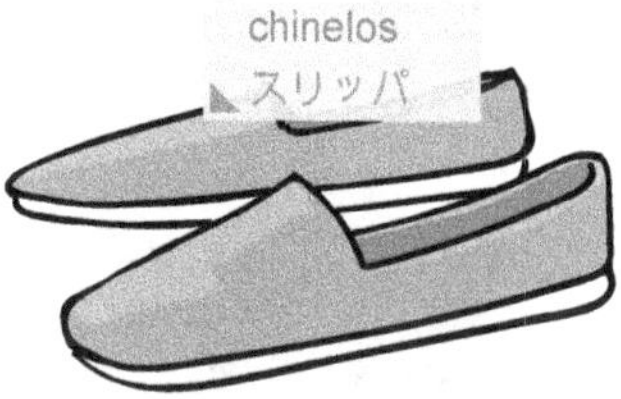

sandálias

サンダル

sapatos

靴

botas de borracha

ゴム長靴

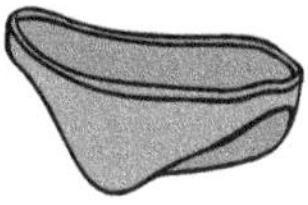

roupa de baixo

パンツ

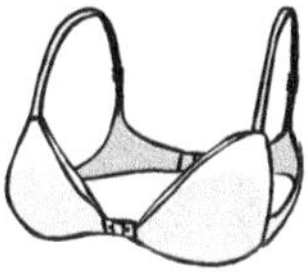

sutiã

ブラ

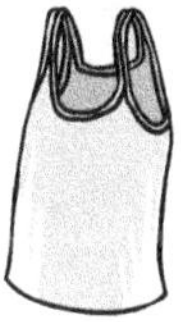

camiseta de baixo

ベスト

body

ボディースーツ

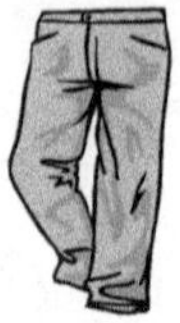

calças

ズボン

jeans

ジーンズ

saia

スカート

blusa

ブラウス

camisa

シャツ

pulôver

セーター

suéter com capuz

パーカー

blazer

ブレザー

jaqueta

ジャケット

casaco

コート

gabardine

レインコート

traje

服装

vestido

ドレス

vestido de casamento

ウェディングドレス

terno

スーツ

camisola

ナイトガウン

pijama

パジャマ

sari

サリー

lenço de cabeça

ヘッドスカーフ

turbante

ターバン

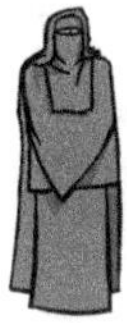

burca

ブルカ

cafetã

カフタン

abaya

アバヤ

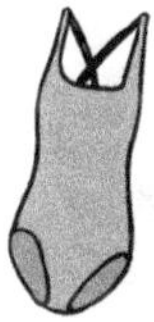

maiô

水着

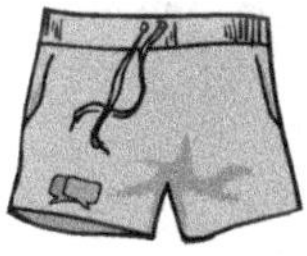

sunga

トランクス

shorts

半ズボン

roupa de treino

スウェットスーツ

avental

エプロン

luvas

手袋

botão

ボタン

óculos

メガネ

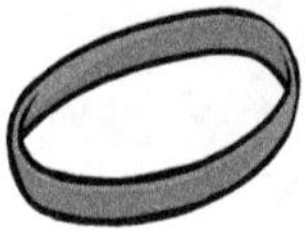

pulseira

ブレスレット

colar

ネックレス

anel

指輪

brinco

イヤリング

boné

帽子

cabide

ハンガー

chapéu

帽子

gravata

ネクタイ

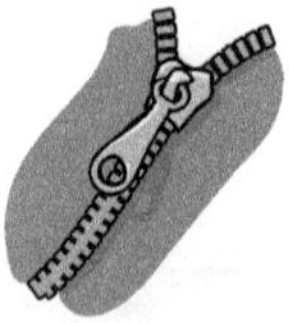

zíper

ファスナー

capacete

ヘルメット

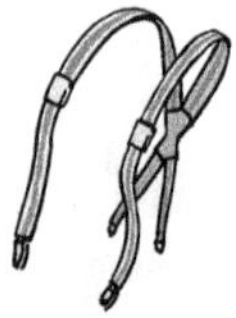

suspensórios

サスペンダー

uniforme escolar

制服

uniforme

ユニフォーム

babador

よだれかけ

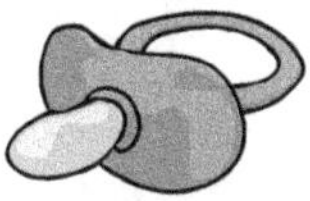

chupeta

おしゃぶり

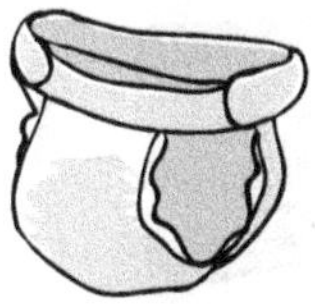

fralda

おむつ

escritório

オフィス

xícara de café

コーヒーマグ

calculadora

計算機

internet

インターネット

laptop

ラップトップ

carta

手紙

mensagem

メッセージ

celular

携帯電話

rede

ネットワーク

copiadora

コピー機

software

ソフトウェア

telefone

電話

tomada

コンセント

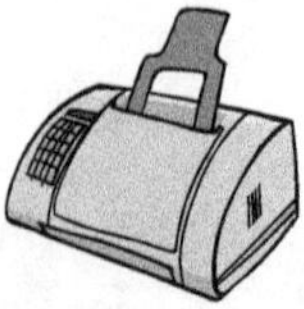

fax

ファックス

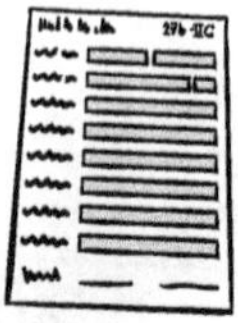

formulário

フォーム

documento

書類

economia
経済

comprar

買う

pagar

支払う

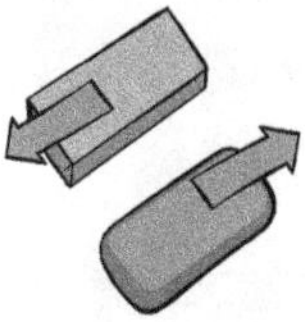

negociar

取引する

dinheiro

お金

Dólar

ドル

Euro

ユーロ

Yen

円

rublo

ルーブル

franco suíço

スイスフラン

renminbi yuan

人民元

rupia

ルピー

caixa eletrônico

キャッシュポイント

casa de câmbio

両替所

ouro

金

prata

銀

petróleo

油

energia

エネルギー

preço

価格

contrato

契約

imposto

税金

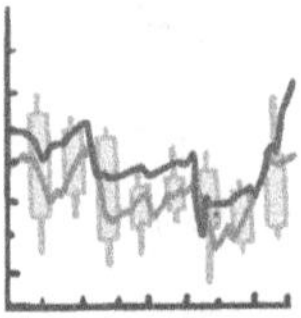

ação

株

trabalhar

働く

empregado

従業員

empregador

雇用主

fábrica

工場

loja

ショップ

profissões
職業

jardineiro

庭師

marceneiro

大工

costureira

お針子

juiz

裁判官

químico

化学者

ator

俳優

motorista de ônibus

バスの運転手

motorista de táxi

タクシー運転手

pescador

漁師

faxineira

掃除婦

telhador

屋根ふき職人

garçom

ウェイター

caçador

ハンター

pintor

塗装工

padeiro

パン屋

eletricista

電気工

construtor

建設作業員

engenheiro

エンジニア

açougueiro

肉屋

encanador

配管工

carteiro

郵便配達人

soldado
軍人

arquiteto
建築家

caixa
レジ係

florista
花屋

cabelereiro
美容師

condutor
車掌

mecânico
機械工

capitão
キャプテン

dentista
歯科医

cientista
科学者

rabino
ラビ

imam
イスラム導師

monge
修道士

pastor
牧師

ferramentas

道具

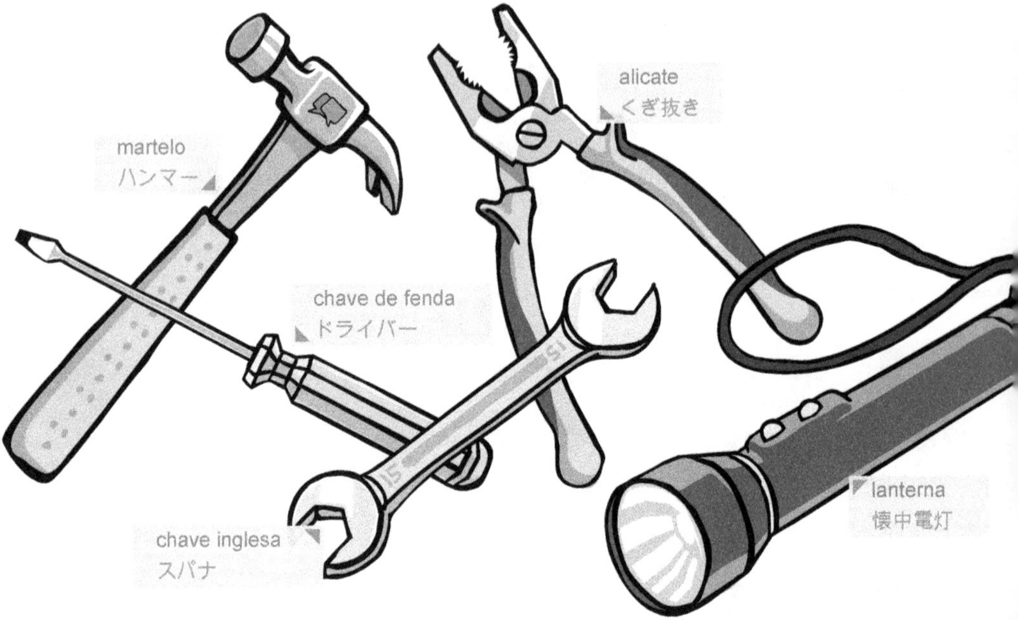

escavadora

掘削機

caixa de ferramentas

道具箱

escada de mão

はしご

serra

のこぎり

pregos

釘

furadeira

ドリル

consertar

修理する

pá

シャベル

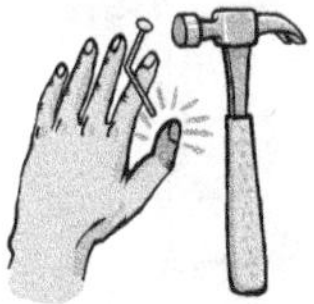

Droga!

クソ！

pá de lixo

ちりとり

pote de tinta

ペンキ缶

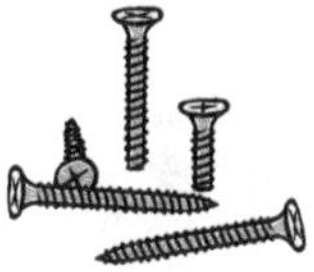

parafusos

ネジ

instrumentos musicais

楽器

piano

ピアノ

violino

バイオリン

baixo

バス

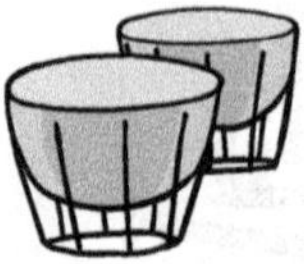

timbales

ティンパニ

tambor

ドラム

teclado

キーボード

saxofone

サックス

flauta

フルート

microfone

マイクロフォン

zoológico
動物園

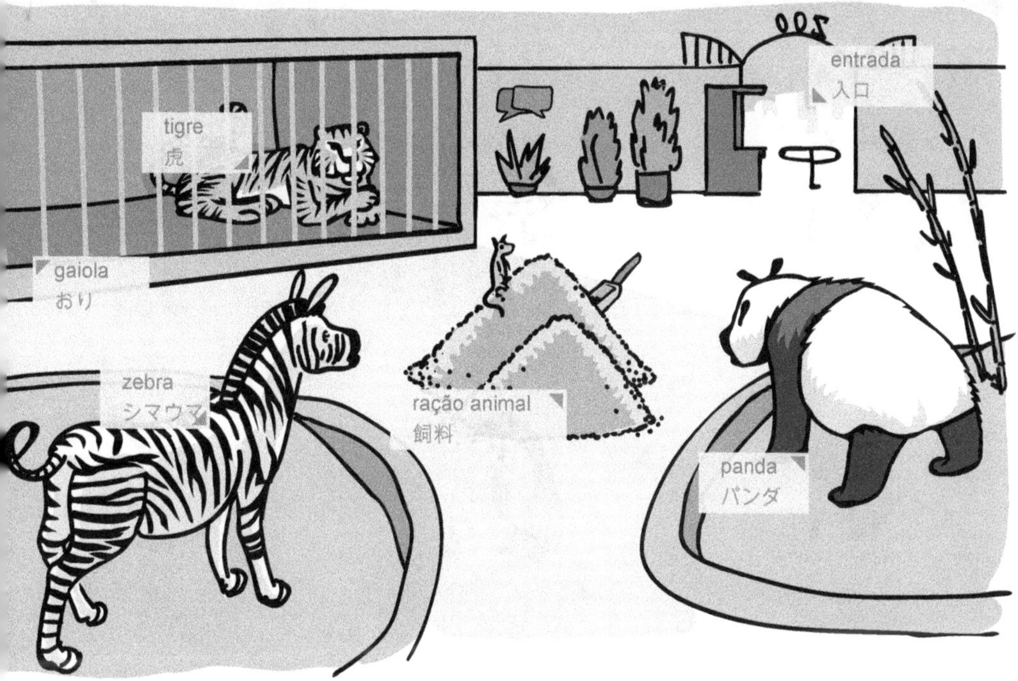

animais
動物

elefante
象

canguru
カンガルー

rinoceronte
サイ

gorila
ゴリラ

urso
熊

camelo

ラクダ

avestruz

ダチョウ

leão

ライオン

macaco

猿

flamingo

フラミンゴ

papagaio

オウム

urso polar

白クマ

pinguim

ペンギン

tubarão

サメ

pavão

クジャク

cobra

蛇

crocodilo

ワニ

guarda do zoológico

飼育係

foca

アザラシ

jaguar

ジャガー

pônei

ポニー

leopardo

ヒョウ

hipopótamo

カバ

girafa

キリン

águia

鷲

javali

雄豚

peixe

魚

tartaruga

亀

morsa

セイウチ

raposa

狐

gazela

ガゼル

esportes
スポーツ

futebol
サッカー

badminton
バドミントン

atletismo
陸上競技

handebol
ハンドボール

esqui
スキー

polo
ポロ

atividades
活動

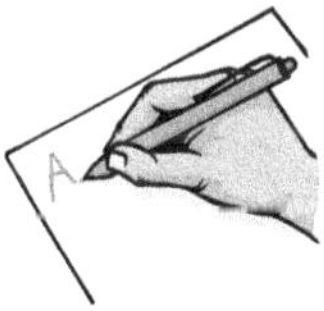

escrever

書く

desenhar

描く

mostrar

示す

empurrar

押す

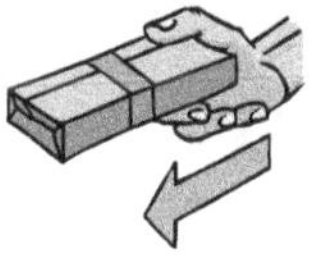

dar

与える

tomar

取る

ter

持っている

fazer

する

ser

ある

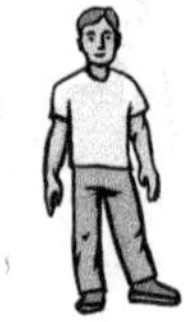

ficar de pé

立つ

correr

走る

puxar

引く

jogar

投げる

cair

落ちる

deitar

横たわっている

esperar

待つ

carregar

運ぶ

sentar

座る

vestir

着る

dormir

眠る

despertar

目が覚める

olhar para

見る

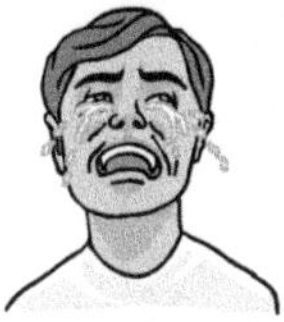

chorar

泣く

acariciar

なでる

pentear

櫛ですく

falar

話す

entender

理解する

perguntar

質問する

ouvir

聞く

beber

飲む

comer

食べる

arrumar

片づける

amar

愛する

cozinhar

料理する

dirigir

運転する

voar

飛ぶ

velejar

ヨットに乗る

calcular

計算する

ler

読む

aprender

学ぶ

trabalhar

働く

casar

結婚する

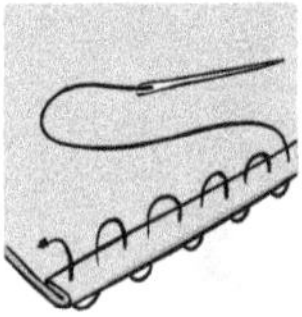

costurar

縫う

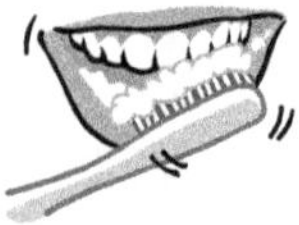

escovar os dentes

歯を磨く

matar

殺す

fumar

喫煙する

enviar

送る

convidado
お客様

tia
おば

tio
おじ

irmão
兄弟

irmã
姉妹

corpo

体

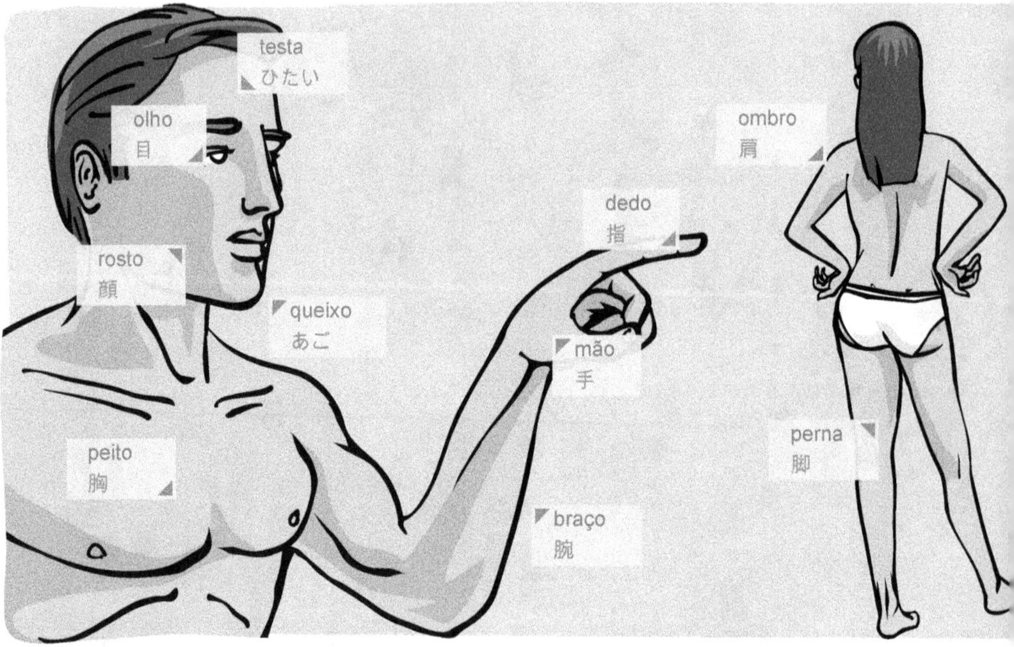

bebê

赤ん坊

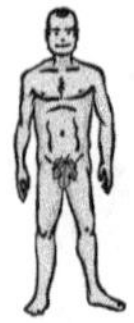

homem

男性

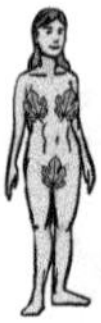

mulher

女性

menina

少女

menino

少年

cabeça

頭

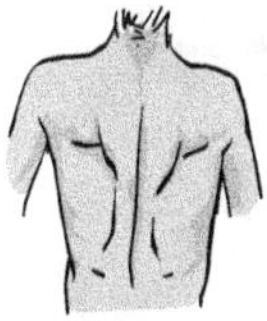

costas

背中

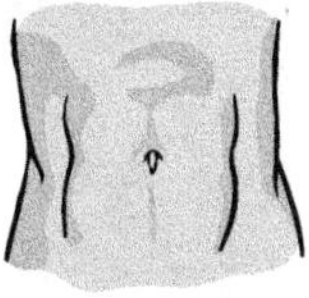

barriga

腹

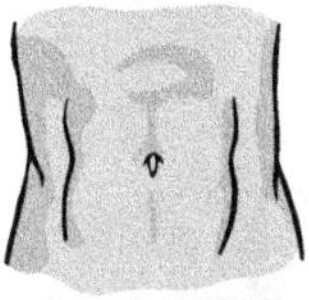

umbigo

へそ

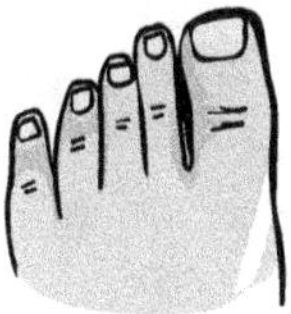

dedo do pé

足指

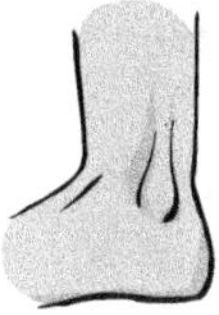

calcanhar

かかと

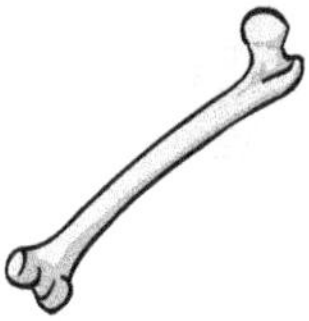

osso

骨

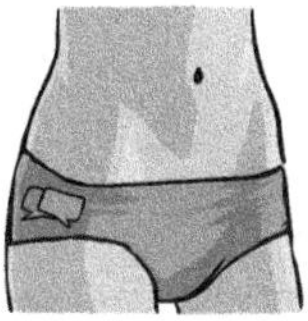

anca

腰

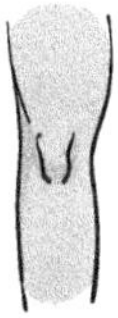

joelho

ひざ

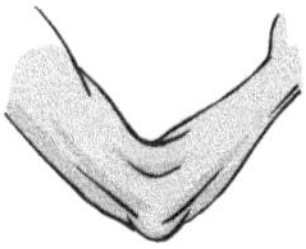

cotovelo

ひじ

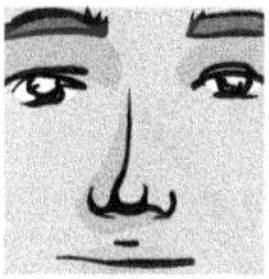

nariz

鼻

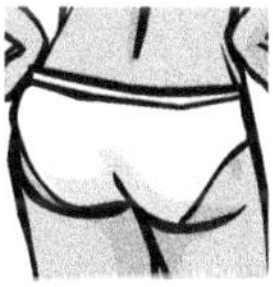

nádegas

尻

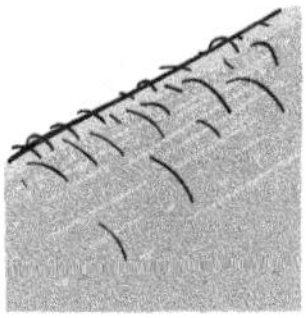

pele

皮膚

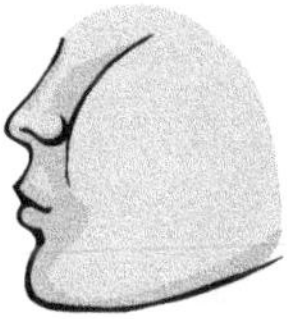

bochecha

頬

orelha

耳

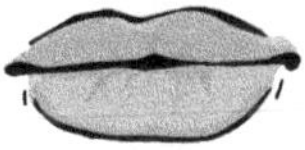

lábio

唇

boca

口

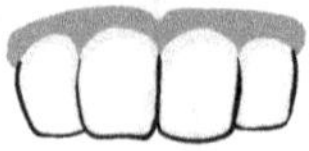

dente

歯

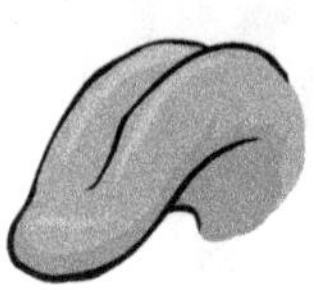

língua

舌

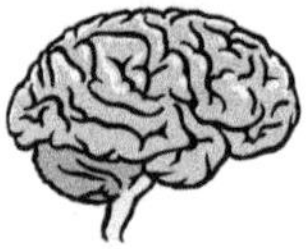

cérebro

脳

coração

心臓

músculo

筋肉

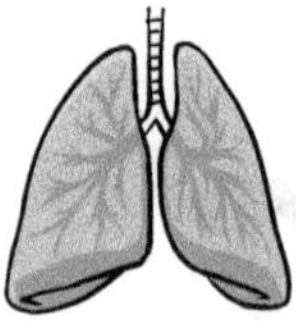

pulmão

肺

fígado

肝臓

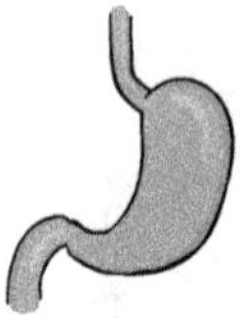

estômago

胃

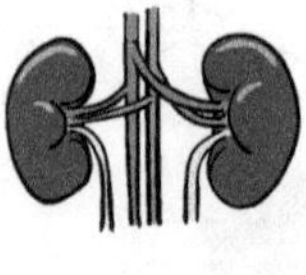

rins

腎臓

relações sexuais

セックス

preservativo

コンドーム

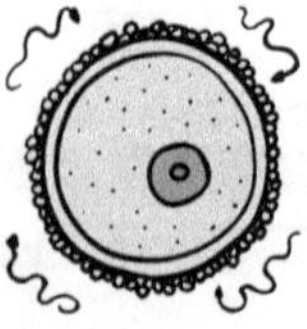

óvulo

卵細胞

esperma

精液

gravidez

妊娠

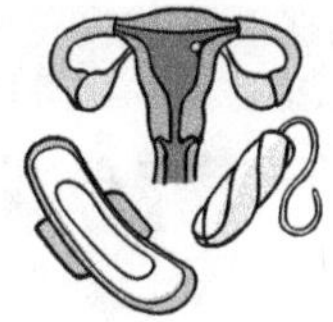

menstruação

月経

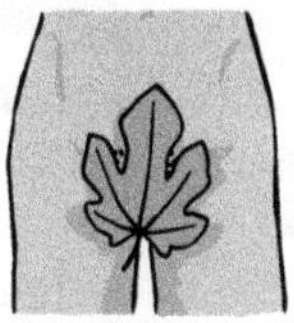

vagina

膣

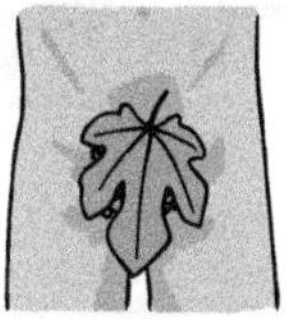

pênis

ペニス

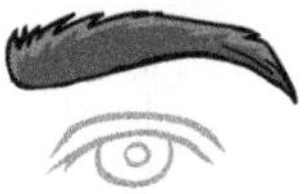

sobrancelha

眉

cabelo

髪

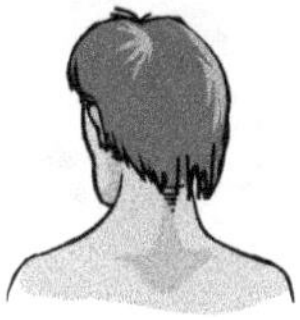

pescoço

首

hospital
病院

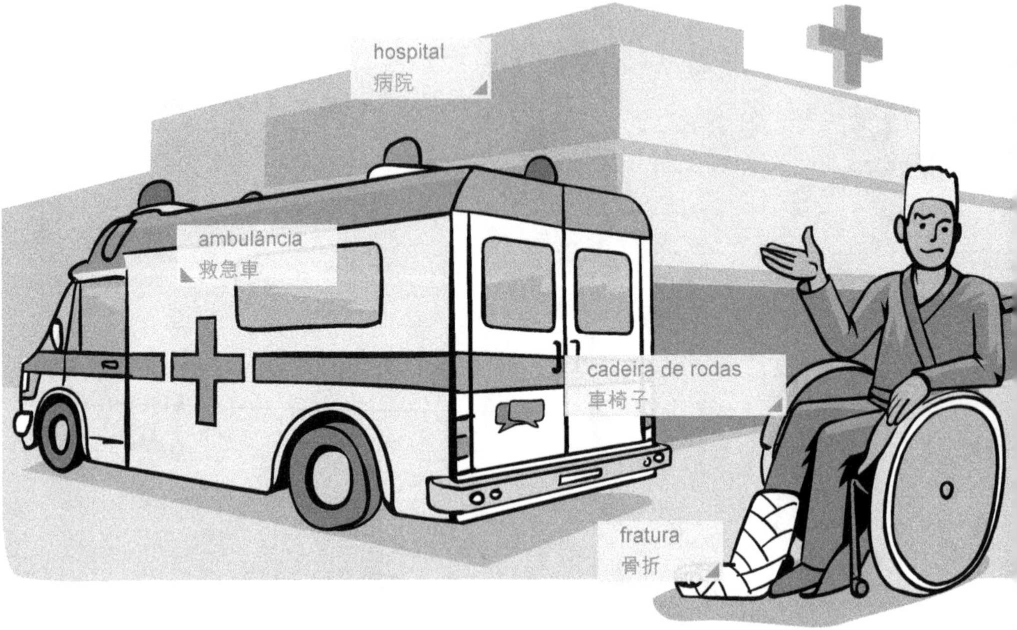

médico
医師

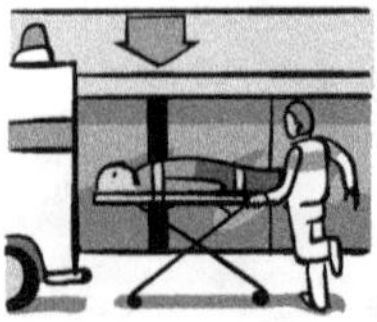
pronto-socorro
救急治療室

enfermeira
看護師

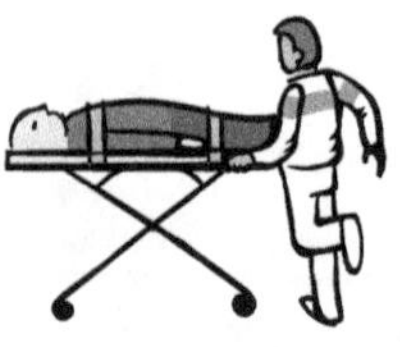
emergência
救急

inconsciente
失神

dor
痛み

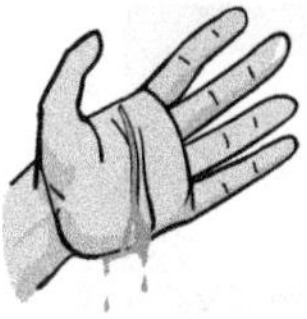

ferimento

けが

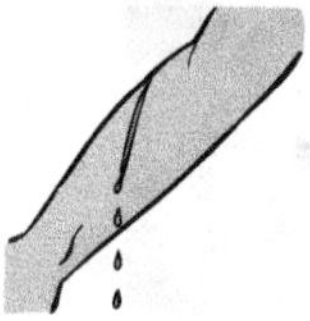

hemorragia

出血

ataque cardíaco

心臓発作

acidente vacular cerebral

脳卒中

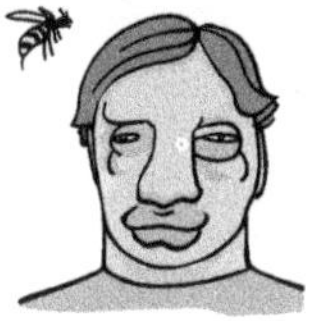

alergia

アレルギー

tosse

咳

febre

熱

gripe

インフルエンザ

diarreia

下痢

dor de cabeça

頭痛

câncer

癌

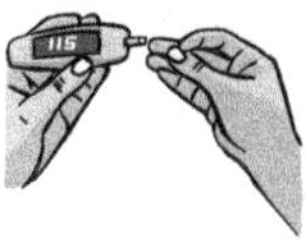

diabetes

糖尿病

cirurgião

外科医

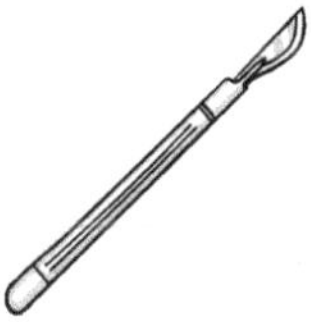

bisturi

外科用メス

operação

手術

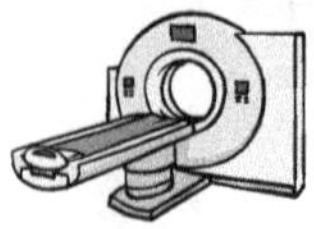

CT

CT

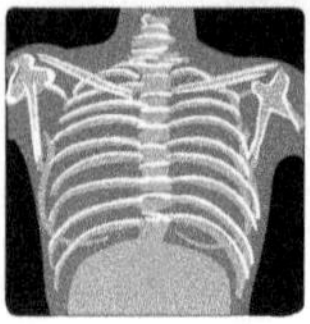

raio x

レントゲン

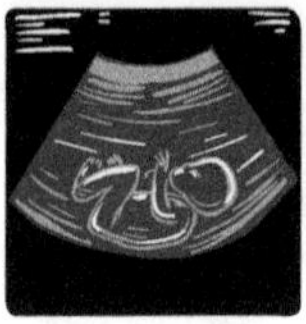

ultrassom

超音波

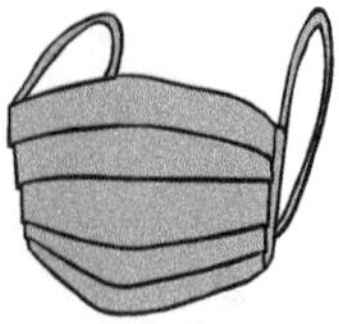

máscara

マスク

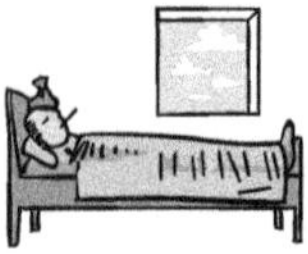

doença

病気

sala de espera

待合室

muleta

松葉づえ

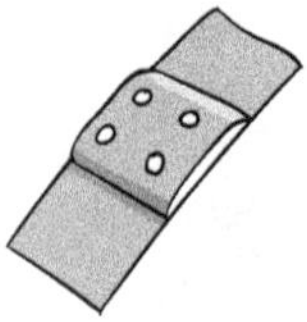

bandeide

ばんそうこう

ligadura

包帯

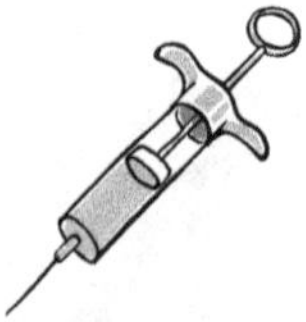

injeção

注射

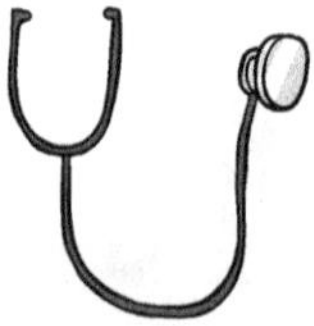

estetoscópio

聴診器

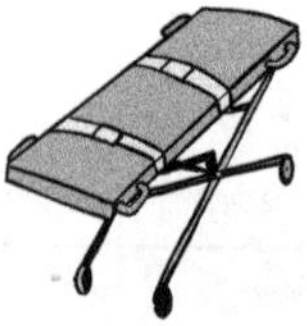

maca

担架

termômetro

体温計

nascimento

出産

excesso de peso

肥満

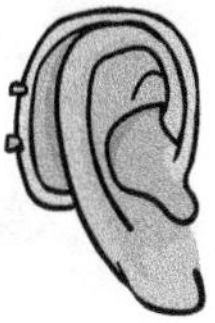

aparelho auditivo

補聴器

desinfetante

消毒剤

infecção

感染

vírus

ウイルス

HIV / AIDS

HIV / エイズ

medicamento

内服薬

vacinação

予防接種

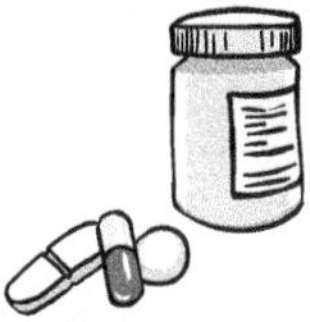

comprimidos

錠剤

pílula

ピル

chamada de emergência

緊急電話

dispositivo de medição de pressão arterial

血圧計

doente / saudável

病気の / 健康な

emergência

救急

Socorro!

助けて！

alarme

アラーム

assalto

暴行

ataque

攻撃

perigo

危険

saída de emergência

非常口

Fogo!

火事だ！

extintor de incêndios

消火器

acidente

事故

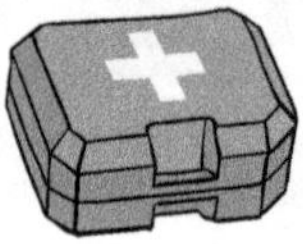

maleta de primeiros socorros

救急箱

SOS

SOS

polícia

警察

Terra
地球

Europa

ヨーロッパ

América do Norte

北米

América do Sul

南米

África

アフリカ

Ásia

アジア

Austrália

オーストラリア

Atlântico

大西洋

Pacífico

太平洋

Oceano Índico

インド洋

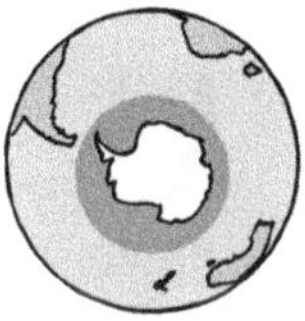

Oceano Antártico

南極海

Oceano Ártico

北極海

Polo Norte

北極

Polo Sul

南極

Antártica

南極大陸

Terra

地球

terra

陸

mar

海

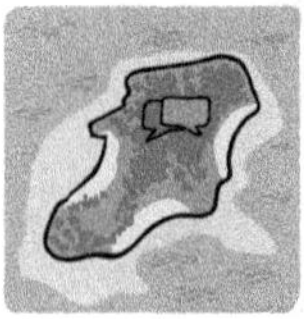

ilha

島

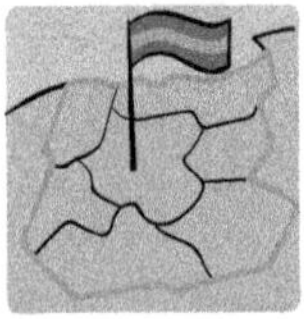

nação

国家

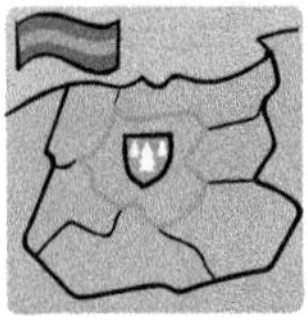

estado

国家

relógio
時計

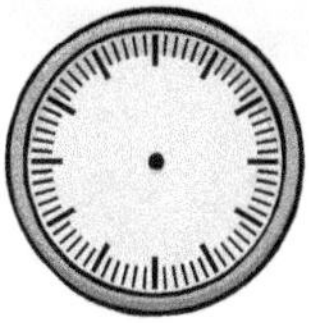

mostrador do relógio

文字盤

ponteiro das horas

短針

ponteiro dos minutos

長針

ponteiro dos segundos

秒針

Que horas são?

何時ですか？

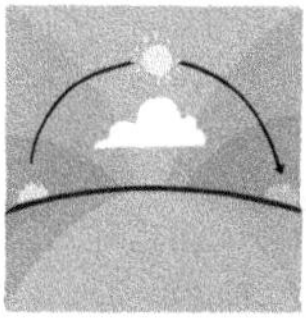

dia

日

tempo

時間

agora

現在

relógio digital

デジタル時計

minuto

分

hora

時間

semana

週

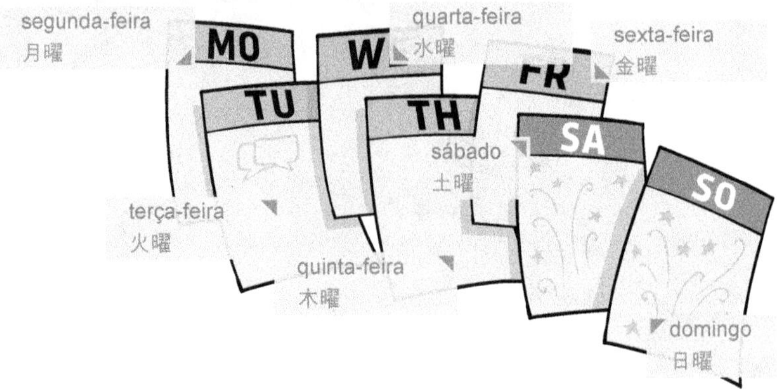

ontem

昨日

hoje

今日

amanhã

明日

manhã

朝

meio-dia

昼

entardecer

夜

dias úteis

営業日

fim de semana

週末

ano

年

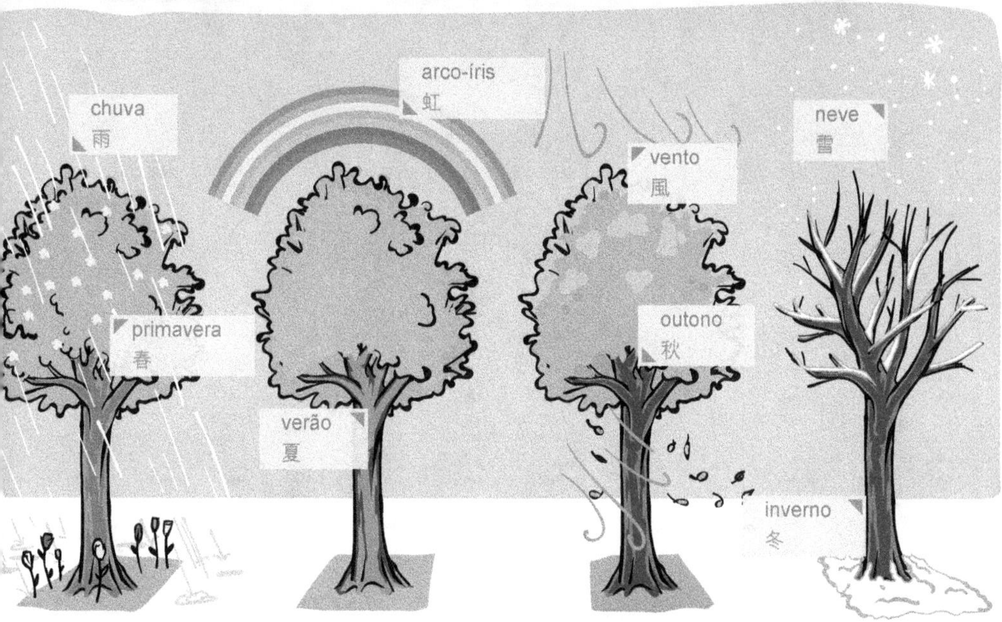

previsão do tempo

天気予報

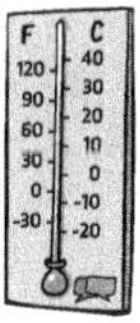

termômetro

温度計

raio de sol

日差し

nuvem

雲

neblina / nevoeiro

霧

umidade do ar

湿度

relâmpago

雷

trovão

雷

tempestade

嵐

granizo

ひょう

monção

季節風

inundação

洪水

gelo

氷

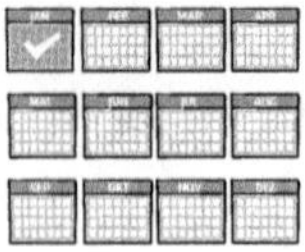

janeiro

1月

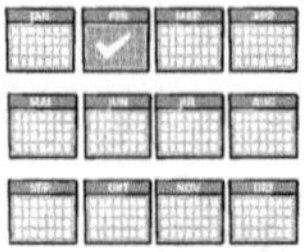

fevereiro

2月

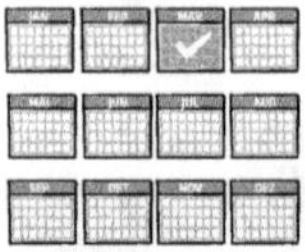

março

3月

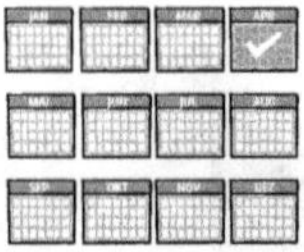

abril

4月

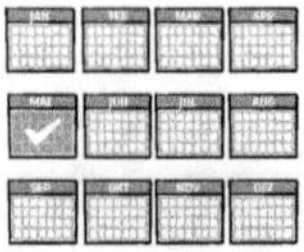

maio

5月

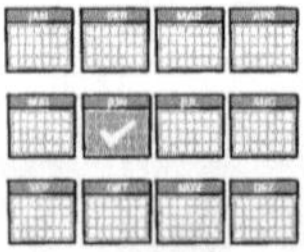

junho

6月

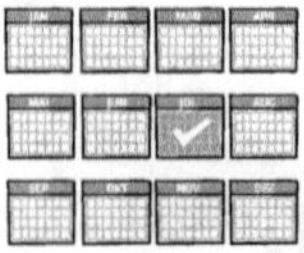

julho

7月

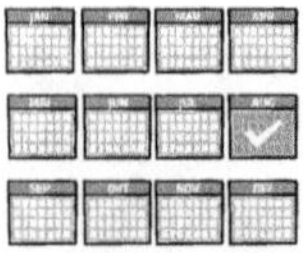

agosto

8月

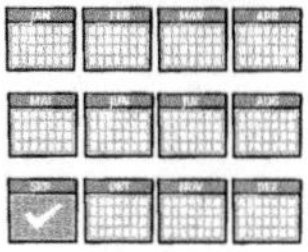

setembro

9月

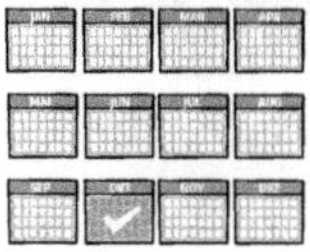

outubro

10月

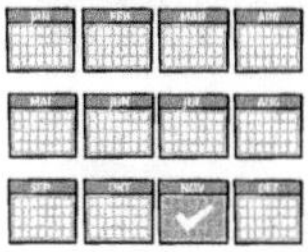

novembro

11月

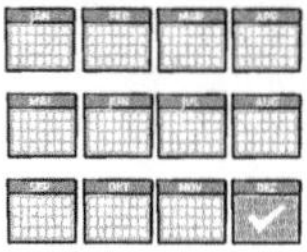

dezembro

12月

formas

形

círculo

円

quadrado

正方形

retângulo

長方形

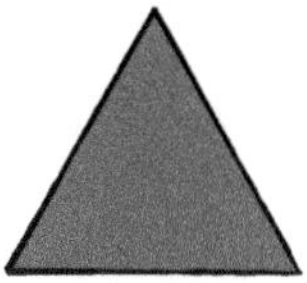

triângulo

三角

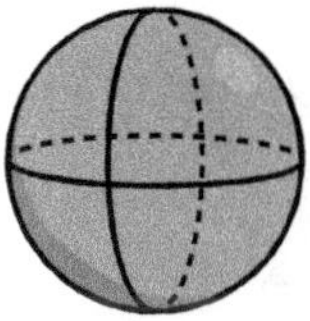

esfera

球

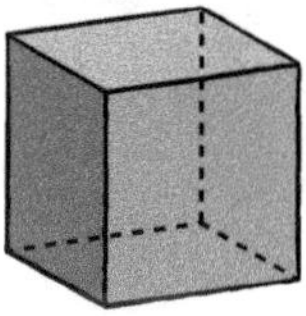

cubo

立方体

cores

色

branco

白

amarelo

黄

laranja

オレンジ

rosa

ピンク

vermelho

赤

lilás

紫

azul

青

verde

緑

marrom

茶

cinza

灰色

preto

黒

opostos

反対

muito / pouco

多い / 少ない

furioso / tranquilo

怒っている / 落ち着いている

lindo / feio

美しい / 醜い

começo / fim

初め / 終わり

grande / pequeno

大きい / 小さい

claro / escuro

明るい / 暗い

irmão / irmã

兄弟 / 姉妹

limpo / sujo

清潔な / 汚い

completo / incompleto

完全な / 不完全な

dia / noite

日中 / 夜

morto / vivo

死んだ / 生きている

largo / estreito

幅広い / 狭い

comestível / não comestível

食べられる / 食べられない

mau / gentil

悪意のある / 親切な

entusiasmado / entediado

興奮している / 退屈している

gordo / magro

太った / 痩せた

primeiro / último

最初に / 最後に

amigo / inimigo

友人 / 敵

cheio / vazio

いっぱいの / 空の

duro / macio

硬い / 柔らかい

pesado / leve

重い / 軽い

fome / sede

空腹 / 喉の渇き

doente / saudável

病気の / 健康な

ilegal / legal

違法な / 合法な

inteligente / idiota

賢い / 愚かな

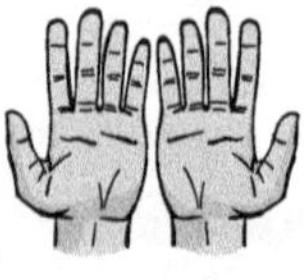

esquerda / direita

左に / 右に

perto / longe

近い / 遠い

novo / usado

新しい / 中古の

nada / alguma coisa

何もない / 何かある

velho / jovem

老いた / 若い

ligado / desligado

オン / オフ

aberto / fechado

開いている / 閉まっている

baixo / alto

静かな / うるさい

rico / pobre

裕福な / 貧乏な

certo / errado

正しい / 間違っている

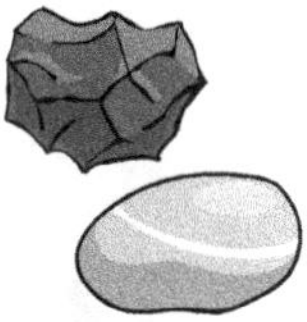

áspero / liso

粗い / なめらか

triste / feliz

悲しい / 幸せな

curto / longo

短い / 長い

lento / rápido

ゆっくり / 速い

molhado / seco

濡れた / 乾いた

ameno / fresco

温かい / 冷たい

guerra / paz

戦争 / 平和

números

数

0

zero

ゼロ

1

um

1

2

dois

2

3

três

3

4

quatro

4

5

cinco

5

6

seis

6

7

sete

7

8

oito

8

9

nove

9

10

dez

10

11

onze

11

12

doze

12

13

treze

13

14

quatorze

14

15

quinze

15

16

dezesseis

16

17

dezessete

17

18

dezoito

18

19

dezenove

19

20

vinte

20

100

cem

100

1.000

mil

1000

1.000.000

milhão

100万

idiomas

言語

inglês

英語

inglês americano

アメリカ英語

chinês mandarim

中国標準語

hindi

ヒンディー語

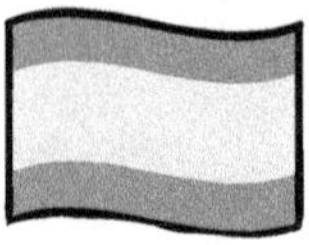

espanhol

スペイン語

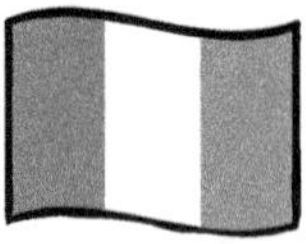

francês

フランス語

árabe

アラビア語

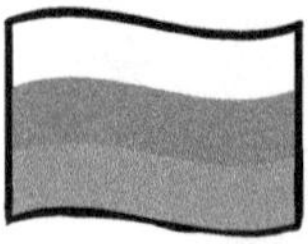

russo

ロシア語

português

ポルトガル語

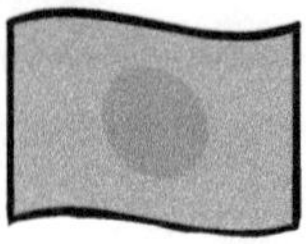

bengalês

ベンガル語

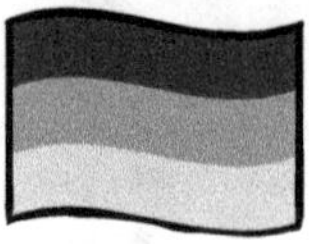

alemão

ドイツ語

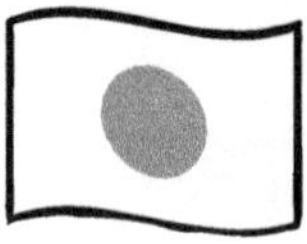

japonês

日本語

quem / o quê / como
誰 / 何 / どう

eu

私

você

あなた

ele / ela

彼 / 彼女 / それ

nós

私たち

vocês

あなたたち

eles / elas

彼ら

quem?

誰？

O quê?

何？

como?

どうやって？

onde?

どこ？

Quando?

いつ？

nome

名前

onde
どこ

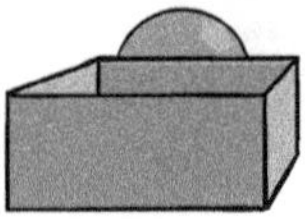

atrás

後ろ

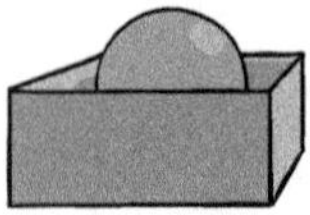

em

中

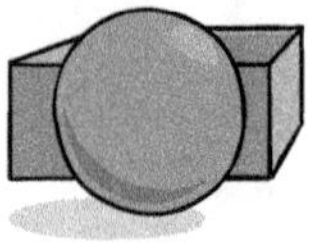

na frente de

前

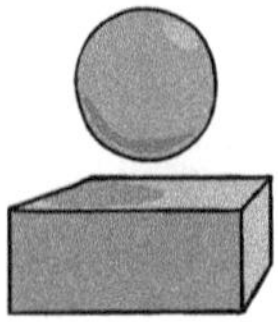

sobre

上

em cima

上

debaixo

下

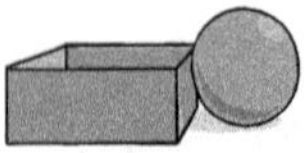

do lado

横

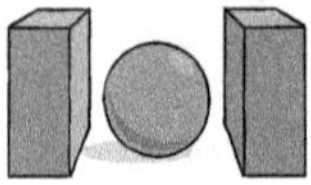

entre

間

lugar

場所

CPSIA information can be obtained
at www.ICGtesting.com
Printed in the USA
LVHW042212280920
667306LV00017BA/2294

9 783751 166645